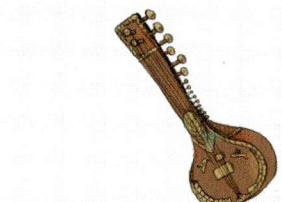

내 여행의 추억을 함께 나눌 이에게. 날 도와준 갸엘에게 고마운 마음을 전합니다. _ 밀렌

파리 주재 인도 대사관의 홍보팀과 문화정보팀(남라타 쿠마르 부인과 비제 칸두자,
V. 투르테트 씨)과 외교부 힌디부서의 협조에 진심으로 감사드립니다.

글 안 브누아 르나르

프랑스에서 태어났고, 어린 시절부터 글쓰기를 좋아해서 작가가 되었어요.
인도 문화를 좋아해 인도 여행에서 느낀 점을 바탕으로 어린이들을 위한 책을 주로 썼어요.
지은 책으로는 〈게으름뱅이를 위한 독소 제거 요법〉, 〈스트레스 해소법〉 등이 있어요.

그림 밀렌 리고디

프랑스 캉탈에서 태어났어요. 어린 시절에는 소라, 귀뚜라미, 풍뎅이를 즐겨 길렀고 호기심이 많았어요.
작은 것까지 꼼꼼히 관찰하는 성격이 그림을 그리는 데 도움이 되었어요.
그린 책으로는 〈도깨비 학교〉, 〈아빠 루이의 비밀〉 등이 있어요.

옮긴이 이정주

서울여자대학교와 같은 학교 대학원에서 불어불문학을 공부했어요. 지금은 방송과 출판 분야에서
전문 번역인으로 활동하며 우리나라 어린이와 청소년에게 재미와 감동을 주는 프랑스 책을 직접 찾기도 해요.
옮긴 책으로는 〈천하무적 빅토르〉, 〈넌 빠져!〉, 〈아빠의 인생 사용법〉, 〈강아지 똥 밟은 날〉,
〈혼자 탈 수 있어요〉, 〈심술쟁이 내 동생 싸게 팔아요〉가 있어요.

세계로 핑퐁
나바니와 함께하는 델리 이야기

글 안 브누아 르나르 | 그림 밀렌 리고디 | 옮긴이 이정주 | 펴낸곳 도서출판 별똥별
펴낸이 김희수 | 기획 도서출판 별똥별 | 편집·디자인 연필의 입장 | 마케팅 백나리, 김정희 | 글다듬이 박미향
출판등록 2009년 2월 4일 제 465-2009-00005호 | 주소 경기도 화성시 병점1로 218 씨네샤르망 B동 3층
대표전화 031-221-7887 | 고객만족센터 080-201-7887(수신자부담) | 팩스 031-224-0557 | 홈페이지 www.beulddong.com
ISBN 978-89-6383-380-4 978-89-6383-312-5 (세트) All rights reserved. Copyright ⓒ2011 by beulddongbeul

Navani de Delhi by Anne Benoit-Renard
Copyright ⓒ 2010 by ABC MELODY Editions All rights reserved throughout the world
Korean Translation Copyright ⓒ 2011 by Beulddongbeul, Korea
This Korean edition was published by arrangement with ABC MELODY Editions, France through Milkwood Agency, Korea

이 책의 한국어판 저작권은 밀크우드 에이전시를 통한 ABC MELODY Editions와의 독점 계약에 의하여 도서출판 별똥별에 있습니다.
신저작권법에 의하여 한국 내에서 보호를 받는 저작물이므로 무단 전재와 무단 복제를 금합니다.

ⓒ 도서출판 별똥별
이 책 내용의 전부 또는 일부를 이용하려면 저작권자의 서면 동의를 받아야 합니다. 잘못된 책은 구입한 곳에서 바꾸어 드립니다.
1. 띄어쓰기는 국립국어원에서 펴낸 〈표준국어대사전〉을 기준으로 삼았습니다.
2. 외국 인명, 지명은 국립국어원의 〈외래어 표기 용례집〉을 따랐습니다. 단 저자의 의견에 따라 현지 발음에 가깝게 표기한 것도 있습니다.
⚠ 주의 책 모서리가 날카로워 다칠 수 있으니 사람을 향해 던지거나 떨어뜨리지 마십시오.

나바니와 함께하는 델리 이야기

안 브누아 르나르 글 | 밀렌 리고디 그림

나마스테, 내 이름은 나바니야.
난 델리에 살아.
나랑 같이 우리 가족과 친구들을
만나러 갈래?

별똥별

일곱 살 소녀 나바니는 델리에 살아요.
델리에는 절, 모스크*, 독특한 향신료를 파는 가게가 많지요.
역사적인 기념물과 아름다운 공원도 있고요.
'붉은 성'이라 불리는 델리 성 가까이 있는 새 병원에는
새들이 아픈 데가 있으면 스스로 날아와 치료를 받아요.
심지어 토끼도 치료하러 온대요.

***모스크**: 이슬람교에서 예배하는 건물이에요.

델리는 무척 크고 시끌벅적한 도시예요.
2천만 명이나 되는 사람들이
인도 곳곳에서 몰려와 살고 있거든요.
그래서 서로 자기 고향 말로 이야기하면
알아듣지 못할 때도 있어요.

일요일에 나바니네 가족이 로디가든으로 소풍을 갔어요.
용수나무 그늘에서 이야기를 나누며 점심을 맛있게 먹지요.
곳곳에 달리기를 하거나 요가를 하는 사람들도 있어요.
나바니는 점심을 먹은 뒤 친구들을 만나러 갈 거래요.
"엄마, 친구들이랑 놀다 올게요."
나바니는 영화 속 주인공처럼 노래하고 춤추는 상상을 했답니다.

나바니는 할머니, 엄마, 아빠, 오빠, 삼촌, 숙모와 함께 살아요.
그런데 집이 너무 좁아서 다 같이 한방을 쓴대요.
나바니의 오빠는 크리켓을 무척 좋아해요.
그래서 토요일마다 인도에서 가장 깨끗한 공원인
릿지파크에 가서 친구들이랑 연습하지요.

"꽃 사세요! 다홍색 히비스커스, 주황색 금잔화, 향이 좋은 재스민도 있어요."
나바니 엄마는 길에서 향기로운 꽃을 팔고,
아빠는 집 건물 1층에서 사리* 가게를 해요.
"아저씨, 사리 색깔들이 참 아름답네요."
"네, 저희 집 사리는 색이 곱답니다. 그중에서도 황금색과
은색 실로 수놓은 사리는 반짝반짝 눈부시게 아름답지요."

*사리 : 인도 여성들이 입는 전통 옷이에요.

나바니는 아침마다 친구들과 함께 오토바이 릭샤를 타고 학교에 가요.
"와! 릭샤가 무지 흔들리는걸."
"난 흔들려서 더 재미있어!"
학교에 도착한 나바니와 친구들이 신발을 벗고 교실에 들어가네요.
인도에서는 신발을 신고 실내에 들어가면 예의에 어긋나거든요.

나바니네 선생님은 긴 머리에
재스민 꽃을 달아서 늘 좋은 향이 나요.
"여러분! 오늘은 간디에 대해 배울 거예요."
인도는 간디의 노력으로 영국으로부터 독립했어요.
나바니는 학교에서 역사 외에도 힌디 어와 영어로
읽기, 쓰기도 배운답니다.

나바니랑 가장 친한 친구는 프리티예요.
"프리티, 방울 소리에 맞춰 인도 춤을 추자."
황금색 장신구에 긴 비단 치마를 입고
맨발로 춤을 추는 나바니랑 프리티는
진짜 인도 무용수가 된 것 같은 기분이 들었어요.
"어유, 인도 춤은 외워야 할 손동작과 발동작이 너무 많아.
나바니, 그래도 정말 신난다!"

뚱따라땅땅, 둥두루둥둥!
이른 밤 나바니 가족의 작은 음악회가 열렸어요.
삼촌은 큰 기타처럼 생긴 시타르를 연주하고,
아빠는 작은북 두 개로 된 타블라를 연주하지요.
나바니는 할머니와 함께 반주에 맞춰서 노래를 불러요.
음악은 나바니 가족과 이웃들에게 편안함을 준대요.

주말이 되어 나바니네 가족은 사원에 갔어요.
인도에는 많은 신이 있는데 그중에 가네샤는
팔이 네 개이고 코끼리 얼굴을 하고 있어요.
어린이를 지켜 주고, 악을 쫓아 주지요.
엄마는 신상들 앞에 향, 꽃, 과일을 놓으며 기도했어요.
"가네샤 님, 우리 아이들을 잘 돌봐 주세요."

저녁에 엄마는 고추, 강황, 사프란, 겨자씨, 카민과 같은
독특한 향이 나는 향신료를 넣어서 음식을 만들었어요.
"나바니! 디저트로 먹을 파파야와 망고를 가져오렴."
"네. 엄마, 오늘 음식은 맛도 향도 최고예요!"
인도 사람들은 오른손으로 음식을 먹어요.
식사 후, 어른들은 우유에 홍차와 향신료를 넣은 달콤한 차이를 마시지요.

델리에서는 일 년 내내 축제가 열려요.
그중에 홀리 축제는 색의 축제예요. 어른 아이 할 것 없이
초록, 파랑, 빨강, 주황색 가루와 물감을 뿌리면서 놀지요.
또한 두세라 축제는 선이 악을 물리친 것을 기념해요.
나바니도 가족과 함께 두세라 축제를 보러 왔어요.
사람들은 폭죽이 든 커다란 인형을 불태웠어요.

방학이 되자 나바니는 아그라에 놀러 갔어요.
아그라는 델리 남쪽에 있는 아름다운 도시예요.
특히 하얀 대리석으로 만든 화려한 건물, 타지마할로 유명하지요.
전 세계의 많은 사람이 타지마할을 보러 온답니다.

나바니네 가족이 손을 모아 인사하네요.
"델리에 놀러 오세요.
기다릴게요. 알비다(안녕)!"

나바니에게 배우는 간단한 힌디어

नमस्ते / शुभ प्रभात
나마스테!

안녕하세요!

मैं दिल्ली में रहती हूं।
메 델리 메 레흐띠 훙.

나는 델리에 살아요.

आप कहां रहते हैं?
압 까항 레흐테 행?

당신은 어디에 사나요?

मेरा एक भाई है।
메라 에끄 바이 해.

나는 오빠가 있어요.

नमस्ते
나마스테!

또 만나요, 안녕!

인도에서 볼 수 있는 것들

용수나무
인도에 많은데 매우 크게 자라고 오래 살아요.

간디
인도 독립을 위해 애쓴 정치가이자 철학자예요.

타블라
인도의 전통 타악기예요. 두 북의 음높이가 달라요.

타지마할
흰 대리석으로 된 화려한 무덤이에요. 아그라에 있지요.

뉴델리는 인도의 수도예요. 델리는 옛날부터 있던 도시인 올드 델리와 새로 생긴 도시인 뉴델리로 나뉘어요.

아삼
세계적인 차 생산지예요. 비가 많이 내리고 흙이 좋아서 인도 홍차의 절반 정도가 생산돼요.

뭄바이
인도 제2의 도시로 영국식 근대 건축물이 많지요. 인도의 영화 도시로 불려요.

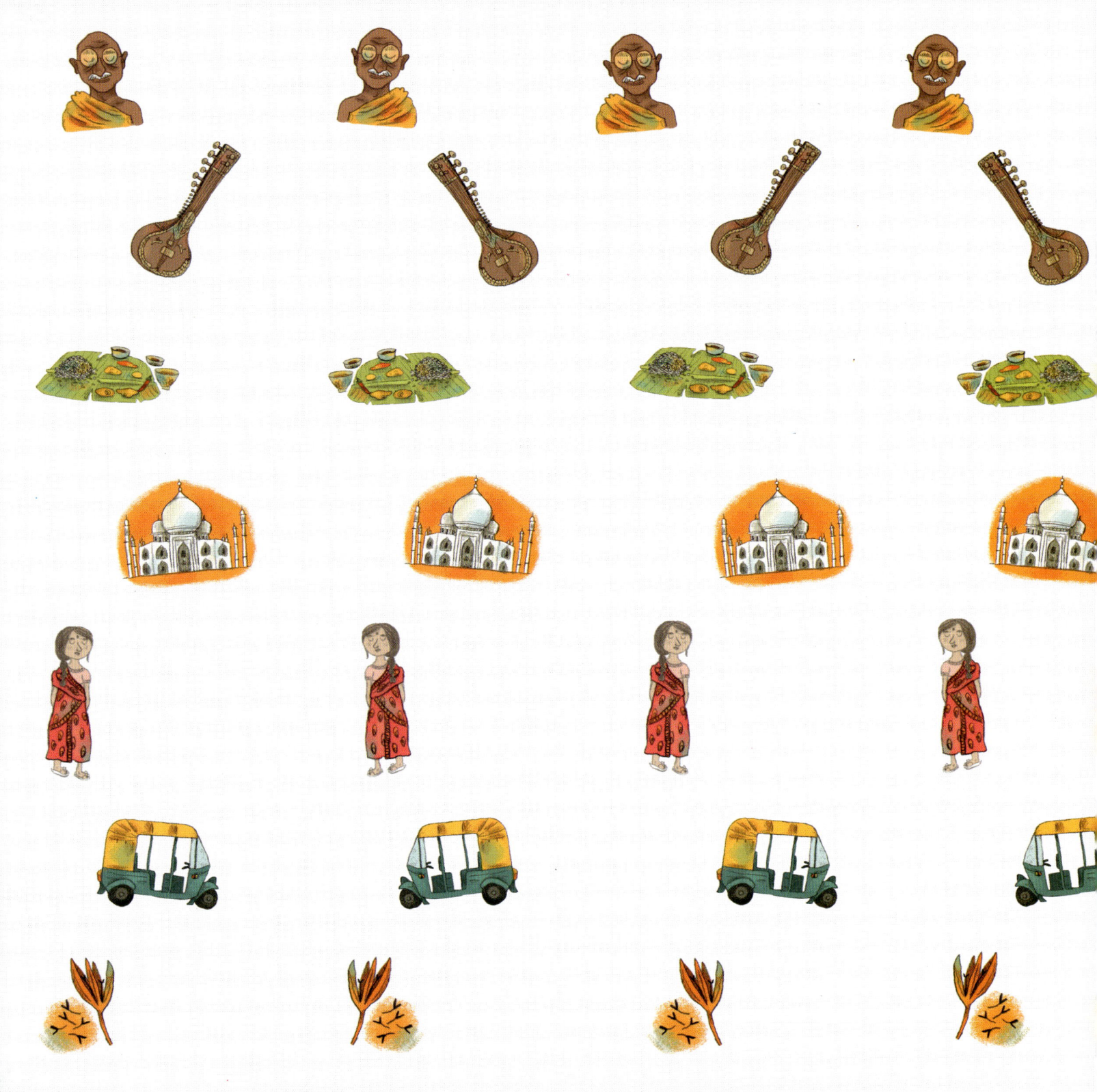